속담은 조상들이 오래 살아오면서 얻게 된 깨달음을 담은 문장이에요.
음식이나 동물, 주변의 사물들에 비유해 짧은 글로 만든 속담은
지혜로울뿐더러 재미있어요. 정확한 뜻을 알고 필요한 상황에
적절하게 쓴다면 정말 멋지겠지요?
어휘력과 표현력을 키우고 싶다면 속담을 배워 봐요!

읽자마자 속담왕

글 김혜영
그림 김윤정

차례

1장 **지혜**에 관한 속담 7
오래 살며 얻게 된 깨달음

2장 **성찰**에 관한 속담 29
실수한 뒤의 깊은 반성

3장 **노력**에 관한 속담 49
끝내 꿈을 이루게 하는 끈기

4장 **절제**에 관한 속담 67
욕심내는 마음을 다스리는 힘

5장 **인간관계**에 관한 속담 85
사람들과 어울리는 즐거움

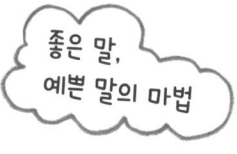

좋은 말, 예쁜 말의 마법

6장 말조심에 관한 속담 105

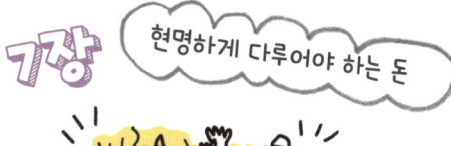

현명하게 다루어야 하는 돈

7장 돈에 관한 속담 121

동물의 특성에 빗댄 삶의 지혜

8장 동물에 빗댄 속담 133

국어 왕의 속담 실력

9장 아주 자주 쓰는 속담 149

찾아보기 159

1장 지혜에 관한 속담

오래 살며 얻게 된 깨달음

조상들이 살아오며 얻게 된 깨달음과
교훈을 모은 지혜의 속담을 만나요.
지혜는 예나 지금이나 사람이 행복하게
사는 데 중요한 덕목이니까요.

1 급하다고 바늘허리에 실 매어 쓸까

바늘구멍은 너무 작아서 실을 꿰기가 어려워요. 그렇다고 바늘허리에 실을 두르면 금방 풀리겠지요? 아무리 급해도 차근차근 순서대로 일하라는 뜻이에요.

2 김 안 나는 숭늉이 더 뜨겁다

누룽지에 물을 넣고 팔팔 끓인 숭늉을 그릇에 담아요.
모락모락 김이 나지 않는다면, 뜨거운 열기가 숭늉 안에
모여 있으니 김은 나지 않아도 가장 뜨거워요.
이처럼 아는 것도 겉으로 드러내지 않고
조용히 있는 사람이 더 야무지다는 뜻이에요.

3 까마귀 날자 배 떨어진다

배나무에 앉아 있던 까마귀가 날아가는 순간 배가 툭 하고 떨어졌어요. 어떤 일이 우연히 동시에 일어났는데 서로 관계가 있다고 의심받을 때 써요.

 누울 자리 봐 가며 발을 뻗어라

같은 행동을 하더라도 때와 장소에 잘 맞을 때가 있고 아닐 때가 있어요.
결과를 미리 생각해 보고 가려서 행동하라는 뜻이에요.

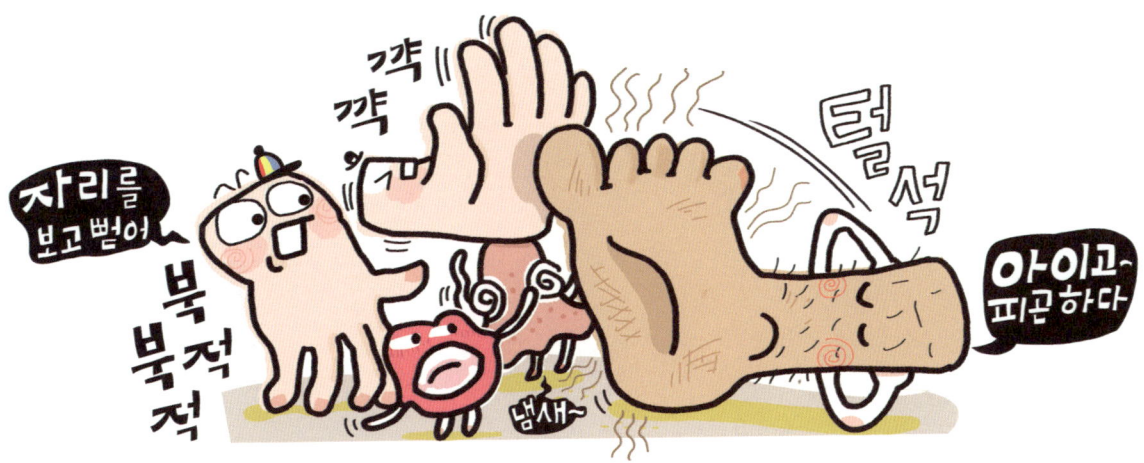

 돌다리도 두들겨 보고 건너라

평소 튼튼했던 돌다리도 어젯밤 내린 비에 약해졌을 수 있어요.
잘 알거나 익숙한 일도 확인하고 조심해야 한다는 뜻이에요.

6 등잔 밑이 어둡다

옛날에는 밤에 등잔불로 방을 밝혔어요. 하지만 환한 등잔 바로 밑은 그림자가 져서 오히려 가장 어두워요. 먼 곳의 일보다 눈앞에 있는 일을 더 잘 모른다는 뜻이에요.

똥이 무서워 피하나 더러워 피하지

길거리에 똥이 있다면 피하겠죠? 자기 몸이나 신발에 똥이 묻으면 더러우니까요. 나쁜 사람을 피하는 것도 무서워서가 아니라 상대할 가치가 없기 때문이라는 뜻이에요.

뚝배기보다 장맛이 좋다

뚝배기가 못생기고 투박해도 그 안에 든 된장 맛이 훌륭하면 맛있는 요리를 완성할 수 있지요. 겉모습보다 본래 내용이 훨씬 중요하다는 뜻이에요.

뛰는 놈 위에 나는 놈 있다

아무리 내 재주가 좋아도 그보다 더 잘난 사람이 있다는 뜻이에요. 그러니 왜 겸손해야 하는지 알겠지요?

10 모르면 약이요 아는 게 병

사고나 문제가 있어도 그 사실을 모르면 마음이 편해요. 조금이라도 알면 걱정이 되어 오히려 마음이 불편해진다는 뜻이에요.

11 목마른 사람이 우물 판다

목이 너무 마른데 누가 물을 가져다주기만을 마냥 기다릴 수는 없어요. 가장 급한 사람이 그 일에 앞장선다는 뜻이에요.

12 물이 깊어야 고기가 모인다

물이 깊으면 물고기가 많이 모여들 듯, 사람도 생각과 마음이 깊은 사람을 따른다는 뜻이에요.

13 물이 깊을수록 소리가 없다

얕은 시냇물은 졸졸졸 소리가 나지만 깊은 강물은 소리가 나지 않아요. 생각이 깊은 사람은 밖으로 떠벌리고 잘난 체하지 않는다는 뜻이에요.

14 백지장도 맞들면 낫다

'백지장'은 하얀 종이 한 장이에요. 종이 한 장을 드는 아주 쉬운 일도 혼자보다는 여럿이 하는 게 수월하다는 뜻이에요.

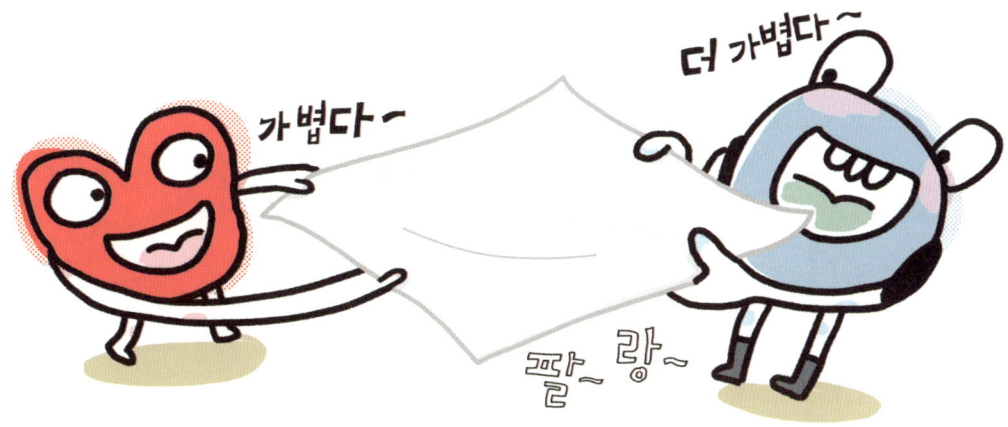

15 벼 이삭은 익을수록 고개를 숙인다

벼 이삭은 알이 여물기 전에는 빳빳이 서 있지만 익을수록 속이 차고 무거워져 공손히 인사하듯 고개를 숙여요. 이처럼 지식이나 교양이 높은 사람일수록 겸손하다는 뜻이에요.

16 비 온 뒤에 땅이 굳어진다

흙은 젖었다가 마르면 더 단단하게 굳어요.
사람도 어렵고 힘든 일을 겪은 뒤에는 더 강해진다는 말이에요.

17 세월이 약

가슴 아픈 일도 시간이 흐르면
자연히 잊게 된다는 뜻이에요.

18 쇠뿔도 단김에 빼라

옛날에는 안전을 위해서 소의 뿔을 뽑았대요. '단김'이란 뜨거운 열기를 말하는데, 뿔을 뜨겁게 달아오르게 한 다음에 바로 쑥 뽑았지요. 이처럼 마음먹은 일은 곧바로 하라는 뜻이랍니다.

19 수염이 대 자라도 먹어야 양반이다

제아무리 양반이라도 쫄쫄 굶으면 그게 다 무슨 소용일까요? 사람에게는 먹고사는 일이 그만큼 중요하다는 말이에요.

20 시작이 반이다

어떤 일이든 맨 처음 시작하는 게 어렵다는 뜻이에요. 일단 시작하면 어떻게든 끌고 나가게 되지요. 그래서 시작하면 이미 반은 해낸 것과 같다고 말한답니다.

21 옥에도 티가 있다

아무리 훌륭한 사람이나 물건이라도 자세히 보면 작은 흠이 있다는 뜻이에요. 모든 게 완벽한 사람은 세상에 없답니다. 부족한 부분은 서로 잘 감싸 주면 좋겠지요?

22 원수는 외나무다리에서 만난다

23 입에 쓴 약이 병에는 좋다

쓰다고 약을 안 먹으면 병이 낫지 않겠지요?
먹기 싫은 쓴 약처럼 듣기 싫은 충고도
잘 들어야 내 잘못을 고치는 데
도움이 된다는 뜻이에요.

'원수'는 나에게 해를 끼쳐 다시는 만나고 싶지 않은 사람이에요. 불편하고 싫은 사람을 외나무다리처럼 피할 수 없는 곳에서 만났을 때 써요.

24 작은 고추가 더 맵다

청양고추는 다른 고추에 비해 한참 작지만 맵기로 유명해요. 몸집이 작은 사람이 큰 사람보다 재주가 뛰어날 때 쓰지요.

25 주머니 털어 먼지 안 나오는 사람 없다

주머니를 탈탈 털면 먼지가 나오기 마련이에요. 잘못을 찾으려고 뜯어보면 누구나 허물이 있다는 뜻이지요. 잘못이나 실수를 단 한 번도 하지 않는 사람은 없으니까요.

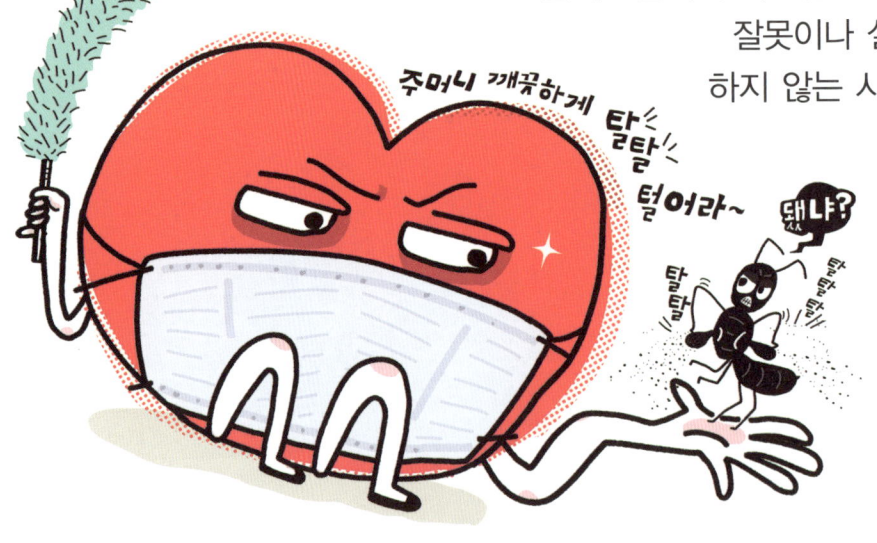

26 칼도 날이 서야 쓴다

날이 무뎌져서 잘리지 않는 칼은 쓸모가 없어요. 무엇이든 제 일을 해야 가치가 있다는 뜻이지요.

27 칼로 물 베기

칼로 물을 베면 어떻게 될까요? 물은 잘라도 잘라도 그대로예요. 아무 일도 일어나지 않지요. 사람들이 서로 다투다가도 곧 풀려 전처럼 사이가 좋아질 때 써요.

28 하나를 알면 백을 안다

똑똑한 사람은 하나를 배우면 그와 연결해서 여러 가지를 더 깨우친다는 뜻이에요. 한 가지 행동만 봐도 그가 어떤 사람인지 다 드러난다는 뜻도 있어요.

29 하늘이 무너져도 솟아날 구멍이 있다

마치 하늘이 무너지는 듯한 어려움 속에서도 살아날 희망은 늘 있다는 말이에요. 그러니 아무리 어려워도 포기하지 말고 방법을 잘 찾아보세요!

30 흥정은 붙이고 싸움은 말리랬다

물건 값을 내리거나 올려서 사고파는 것을 '흥정'이라고 해요.
흥정을 잘해서 손님은 싸게 사고, 주인은 하나라도 더 팔면 좋겠지요.
흥정처럼 좋은 일은 권하고 싸움처럼 나쁜 일은 말리라는 뜻이에요.

지혜에 관한 속담 퀴즈!

비슷한 속담을 퀴즈로 더 알아봐요. 여러분이 빈칸을 채워 주세요. 정답은 바로 아래에!

☐☐☐도 식후경
재미있는 일도 잘 먹고 배불러야 할 맛이 난다는 뜻이에요. `금강산`

☐☐☐이 포도청
먹고살려면 뭐든지 한다는 뜻이에요. 먹고사는 것의 중요함을 나타내요. `목구멍`

무소식이 ☐☐☐이다
소식이 없으면 잘 지낸다는 뜻이니 좋은 소식이나 마찬가지라는 거예요. `희소식`

☐ 년이면 ☐☐도 변한다
세월이 흐르면 세상의 모든 것이 변한다는 뜻이에요. `십/강산`

☐☐ 길도 물어 가랬다
아무리 쉬운 일도 소홀히 하지 말라는 뜻이에요. `아는`

☐☐만 알고 둘은 모른다
하나를 알려 주면 그것만 보고 주변을 더는 살피지 않는다는 뜻이에요. `하나`

속담이 모두 완성되었니?
그럼 다음 장으로!

2장

실수한 뒤의 깊은 반성

성찰에 관한 속담

아무리 똑똑한 사람도 살면서 어리석은 일을 저지르거나 실수할 때가 있지요. 그래도 잘못을 반성하고 고칠 수 있다면 괜찮아요. 성찰에 대한 속담을 모두 만나요.

31 가랑잎으로 눈 가리기

가랑잎은 바싹 마른 넓적한 잎이에요. 이걸로 자기 눈만 가리면
몸을 다 가린 줄로 착각한다는 말이에요.
잘못을 숨기려고 미련하게 애쓰는 사람을 뜻해요.

32 걷기도 전에 뛰려고 한다

너무 어려서 아직 걷지도 못하는 아기가 바로 뛸 수 있을까요? 능력이 아직 안 되는데 무리한 일을 하려는 사람에게 써요.

33 가랑잎이 솔잎더러 바스락거린다고 한다

바늘같이 가는 솔잎은 말라도 바스락거리지 않아요. 오히려 넓적한 가랑잎이 바스락거리지요. 자기의 부족함은 모르고 남의 부족함만 탓한다는 뜻이에요.

34 겉 다르고 속 다르다

친구가 멋진 장난감을 자랑할 때 겉으로는 아무렇지 않은 척했지만,
사실 속으로는 질투 난 적 있나요?
겉으로 보이는 행동과 속마음이 다를 때 써요.
또는 말과 행동이 다를 때도 써요.

35 고양이한테 생선을 맡기다

고양이에게 생선을 맡기면 어떻게 될까요? 홀라당 먹어 버리겠죠. 못 믿을 사람에게 물건이나 일을 맡기고 걱정한다는 뜻이에요.

36 기와 한 장 아끼다가 대들보 썩힌다

대들보는 지붕을 떠받치는 나무예요. 깨진 기와 하나를 바꾸지 않아 비가 새면 대들보가 썩겠지요? 그럼 집이 무너질 수 있어요. 작은 걸 아끼려다가 더 큰 손해를 볼 수 있다는 말이에요.

37 꿀도 약이라면 쓰다

아무리 좋은 말도 충고라면 듣기 싫다는 뜻이에요. 충고는 나에게 도움이 되지만 내 잘못을 들추기 때문에 받아들이기 쉽지 않다는 것이지요.

38 남의 잔치에 감 놓아라 배 놓아라 한다

남의 잔치에 가서 이래라저래라 간섭하면 주인이 기분 나쁠 수 있겠죠?
쓸데없이 남의 일에 참견한다는 뜻이에요.

39 낫으로 눈 가려운 데 긁기

위험해요! 눈이 가렵다고 날카로운 낫으로 긁다니요. 위험할 정도로 어리석은 행동을 한다는 뜻이에요.

40 냉수 먹고 이 쑤시기

냉수를 먹으면 이에 아무것도 끼지 않아요. 고기 같은 음식을 씹어 먹어야 이에 낄 게 있지요. 실제로는 가진 게 아무것도 없으면서 겉으로만 있는 체할 때 써요.

41 누워서 침 뱉기

누워서 침을 뱉으면 내 얼굴에 그대로 떨어져요.
남에게 나쁜 일을 하려다가
도리어 자기가 당한다는
뜻이에요.

42 눈 가리고 아웅

속이 뻔히 들여다보이는 속임수로
남을 속이려 할 때 써요.

43 똥 묻은 개가
겨 묻은 개 나무란다

'겨'는 곡식의 껍질로, 더러운 게 아니에요. 똥이 더럽지요.
자기 잘못은 모르고 남의 잘못을 탓할 때 써요.

44 빈 수레가 요란하다

수레가 물건으로 꽉 차면 움직일 때 소리가 크지 않아요. 반대로 빈 수레는 덜그럭덜그럭 시끄러워요. 아는 게 많은 사람보다 잘 알지 못하는 사람이 더 떠들어댄다는 뜻이에요.

45 빈대 잡으려고 초가삼간 태운다

빈대는 작은 곤충이지만 사람의 피를 빨며 귀찮게 해요. 하지만 그걸 없앤다고 불을 피워 집을 다 태우는 건 어리석지요. 작은 불편을 없애려 지나치게 애쓰다 되려 큰 손해를 본다는 뜻이에요.

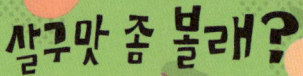

46 빛 좋은 개살구

살구는 달고 맛있어요. 반면 개살구는 살구와 비슷하지만 시고 떫기만 해요. '개'는 '가짜'라는 뜻이거든요. 겉은 그럴듯하지만 속은 엉터리인 것을 이르는 속담이에요.

47 새벽달 보자고 초저녁부터 기다린다

어떤 일을 시작하기에 적당한 시기가 있는데, 미련할 정도로 일을 너무 일찍 서두른다는 뜻이에요.

48 설마가 사람 잡는다

다 잘될 거라고 마음을 놓고 있던 일이 예상치 못하게 잘못될 수도 있다는 뜻이에요. 어떤 일을 할 때 미리 대비하고 끝까지 지켜보라는 교훈을 줘요.

49 소 잃고 외양간 고친다

'외양간'은 소가 지내는 곳이에요. 외양간 문짝이 고장 나서 소가 도망가 버리면, 나중에 고쳐 봐야 소용이 없어요. 일이 잘못되기 전에 미리 대비하라는 뜻이에요.

50 손톱 곪는 줄은 알아도 염통 곪는 줄은 모른다

손톱에 난 상처는 작아도 잘 보이지만 염통(심장)은 몸속에 있어서 크게 아파도 잘 알 수 없어요. 눈앞의 작은 손해만 알고 보이지 않는 큰 문제는 깨닫지 못할 때 써요.

51 어물전 망신은 꼴뚜기가 시킨다

어물전은 생선 등을 파는 가게예요. 꼴뚜기는 오징어와 비슷하게 생겼지만 크기가 작고 볼품없게 생겼어요. 이처럼 어리석은 사람 하나가 주변 사람들까지 망신시킨다는 뜻이에요.

52 언 발에 오줌 누기

꽁꽁 언 발 위에 오줌을 누면 잠깐은 따뜻하겠지요? 하지만 식으면 더 차가워지고 냄새까지 날 거예요. 급하다고 일을 대충 해결하면 나중에 더 나쁜 결과가 벌어진다는 뜻이에요.

53 업은 아이 삼 년 찾는다

무언가가 아주 가까이 있는 것을 모르고 엉뚱한 데에 가서 한참을 찾아 헤맨다는 뜻이에요.

54 우물에 가 숭늉 찾는다

숭늉은 누룽지에 물을 붓고 끓인 거예요. 그러니 숭늉을 얻으려면 우물에서 물을 길어다가 밥을 먼저 지어 누룽지부터 만들어 두어야겠지요? 모든 일에는 순서가 있으니 너무 서두르지 말고 차근차근 하라는 뜻이에요.

55 제 꾀에 제가 넘어간다

자기 이익을 챙기려고 남을 속이고 꾀를 부린 게 도리어
자기에게 손해가 될 때 쓰는 말이에요.

56 종로에서 뺨 맞고 한강에서 눈 흘긴다

어떤 일을 당한 사람이 그 자리에서는 아무 말도
못하고 엉뚱한 데에 가서 화풀이할 때 쓰여요.

57 콩으로 메주를 쑨다 하여도 곧이듣지 않는다

콩으로 메주는 만든다는 건 사실이에요. 하지만 평소 거짓말을 자주 하는 사람이라면 사실을 말해도 아무도 믿지 않는다는 뜻이에요.

58 한 귀로 듣고 한 귀로 흘린다

말을 귀담아듣지 않고 건성으로 흘려버릴 때 써요. 좋은 말은 잘 듣고 나쁜 말은 흘려버리라는 뜻도 있어요.

59 한강에 돌 던지기

넓디넓은 한강에 돌 하나를 던져 봤자 물결만 살짝 일어날 뿐이에요. 무슨 일을 해도 효과가 없거나 애를 써도 보람이 없다는 뜻이에요.

비슷한 속담을 퀴즈로 더 알아봐요. 여러분이 빈칸을 채워 주세요. 정답은 바로 아래에!

성찰에 관한 속담 퀴즈!

가는 방망이 오는 ☐☐☐

남에게 나쁜 일을 하려다 내가 더 당한다는 뜻이에요. `홍두깨`

눈에 ☐☐☐가 씌었다

눈에 콩깍지를 씌운 것처럼 어떤 일을 제대로 보지 못할 때 써요. `콩깍지`

☐☐☐ 쳇바퀴 돌 듯 한다

더 나아지지 못하고 제자리걸음만 하는 상황을 말해요.
똑같이 반복되는 매일을 뜻하기도 해요. `다람쥐`

도둑에게 ☐☐ 주는 격

믿을 수 없는 사람에게 일을 맡기는 어리석음을 뜻해요. `열쇠`

못된 송아지 ☐☐☐에 뿔 난다

못된 사람이 못된 일만 골라 할 때 쓰여요. `엉덩이`

☐☐☐에 콩 볶아 먹겠다

번갯불이 번쩍할 동안 일을 다 해치울 것처럼
급히 서두를 때 써요. `번갯불`

속담이 모두 완성되었니?
그럼 다음 장으로!

뒹굴래

3장

노력에 관한 속담

끝내 꿈을 이루게 하는 끈기

책읽자! 바보토끼

하고 싶은 일을 이루어 내는 과정은 결코 쉽지 않아요. 시간이 걸리고 어려움도 찾아오지요. 포기와 좌절을 이겨 낼 노력에 관한 속담을 모았어요.

60 감나무 밑에 누워서 홍시 떨어지기를 기다린다

감이 익으면 말랑말랑 달콤한 홍시가 돼요. 홍시를 먹고 싶다고 감나무 밑에 누워 기다리기만 하면 될까요? 내 손으로 따야겠지요! 아무 노력 없이 무얼 얻으려 할 때 쓰는 속담이에요.

61 고생 끝에 낙이 온다

어려운 일을 겪고 난 뒤에는 반드시 좋은 일이 찾아온다는 뜻이에요. 힘들 때 용기를 주는 속담이지요.

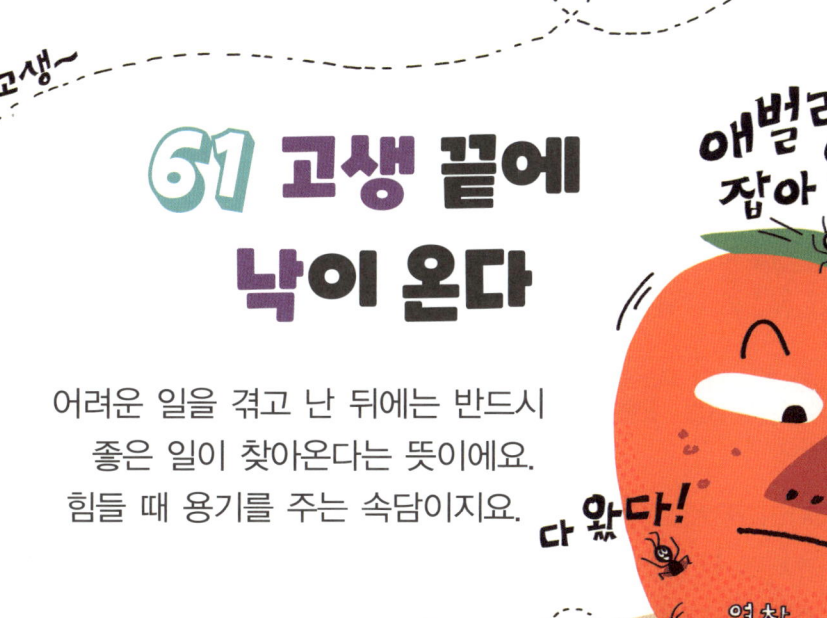

62 공든 탑이 무너지랴

'공'이란 노력과 정성을 말해요. 노력과 정성을 계속 들인 일은 결코 헛되지 않다는 뜻이에요.

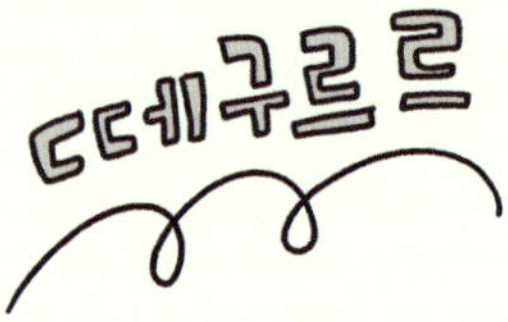

63 구르는 돌은 이끼가 안 낀다

한자리에 계속 놓인 돌은 이끼가 껴 있어요.
하지만 이리저리 굴러다니는 돌은 이끼가 생길 틈이 없지요.
이처럼 멈추지 않고 부지런히 노력하는
사람이 발전한다는 뜻이에요.

64 구슬이 서 말이라도 꿰어야 보배

아무리 예쁜 구슬도 서로 꿰어서 반지나
목걸이로 만들어야 쓸모가 높아져요.
사람의 재능도 노력해서 단련시켜야
더 값진 것이 된다는 뜻이에요.

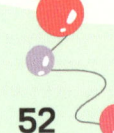

65 낙숫물이 댓돌을 뚫는다

작은 물방울이 돌 위로 끊임없이 떨어지면 결국 단단한 돌에도 구멍이 뚫려요. 사소한 노력도 모으고 모으면 큰일을 이룰 수 있다는 뜻이에요.

66 낫 놓고 기역 자도 모른다

낫의 모양은 한글 '기역(ㄱ)'처럼 생겼어요. 하지만 한글을 모르는 사람은 낫과 기역 자가 비슷하단 걸 몰라요. 이처럼 아주 쉬운 것조차 모르는 사람을 가리킬 때 써요.

67 늦게 배운 도둑이 날 새는 줄 모른다

어떤 일에 남들보다 뒤늦게 재미를 붙여서
더 열심히 할 때 쓰는 말이에요.

68 무쇠도 갈면 바늘 된다

비록 시간이 많이 걸리더라도 꾸준히
노력하면 어려운 일도 해낼 수 있다는 뜻이에요.

69 밑 빠진 독에 물 붓기

'독'은 된장 등을 담는 항아리예요.
그런데 밑에 구멍이 났다면 아무리
물을 부어도 채워지지 않겠지요?
이처럼 애를 써도 보람이 없을 때 써요.

70 백 번 듣는 것이 한 번 보는 것만 못하다

남에게 여러 번 듣는 것보다 직접 한 번 경험하는 게 더 확실하다는 뜻이에요.

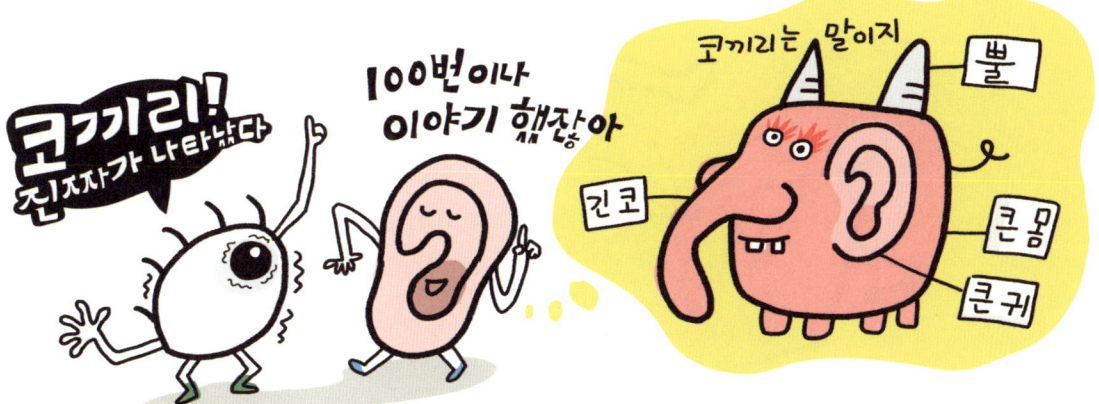

71 사흘 책을 안 읽으면 머리에 곰팡이가 슨다

며칠이라도 책을 안 읽으면 머리가 둔해진대요.
책 읽는 것이 얼마나 중요한지 알겠지요?

72 서당 개 삼 년에 풍월을 읊는다

서당에서 키우는 개는 매일 학생들의 글공부 소리를 듣겠지요? 그럼 그 소리가 익숙해질 거예요. 이처럼 지식이 없던 사람도 어깨너머로 자주 보고 들으면 아는 게 생긴다는 뜻이에요.

73 세 살 적 버릇이 여든까지 간다

어릴 적 들인 버릇은 어른이 되어도 그대로라는 뜻이에요. 버릇은 고치기가 무척 힘들거든요. 그러니 처음부터 좋은 버릇이 들도록 신경 써야겠지요?

74 쇠귀에 경 읽기

소에게는 불교의 좋은 글인 '경'을 읽어 주어도 못 알아들어요.
열심히 알려 주고 가르쳐도 받아들이지 않거나
알아듣지 못하는 사람에게 써요.

75 수박 겉 핥기

수박의 겉만 핥아서는 달콤하고
시원한 진짜 수박 맛을
알 수 없어요. 속 내용은
잘 모르고 겉만 건드리고
넘어감을 뜻해요.

76 열 번 찍어 아니 넘어 가는 나무 없다

큰 나무도 도끼로 여러 번 찍으면 결국 쓰러지지요. 포기하지 말고 계속하라는 뜻이에요. 노력하면 어떤 어려운 일도 할 수 있음을 드러내요.

77 우물 안 개구리

우물 안에 사는 개구리는 하늘이 딱
우물에서 보이는 크기만 한 줄 알아요.
하늘이 얼마나 넓은지 모르지요.
자기가 아는 게 전부라고 생각하는
사람을 비꼬는 말이에요.

78 우물을 파도 한 우물을 파라

우물을 만들려면 땅을 아주 깊이 파야 해요.
물이 쉽게 안 나온다고 여기를 팠다 저기를 팠다 하면
그 어느 곳도 깊게 팔 수 없어요.
한 가지 일에 집중하라는 뜻이지요.

79 지성이면 감천

불가능한 일도 정성을 다하면 하늘이 감동해서 도와준다는 뜻이에요. 무슨 일이든 마음을 쓰고 공을 들여야 좋은 결과가 생긴답니다.

80 천 리 길도 한 걸음부터

천 리는 약 400킬로미터예요. 걸으면 수십 일이 걸리는 먼 거리지요. 먼 길을 가는 것도 걸음 하나를 떼는 것으로 시작되듯 큰 목표도 작은 시작에서 결국 이루어진다는 뜻이에요.

81 첫술에 배부르랴

밥을 한 숟가락 먹었다고 바로 배가 부를까요? 어떤 일이든 한두 번으로는 다 되지 않으니 끊임없이 노력하라는 속담이에요.

82 콩 심은 데 콩 나고 팥 심은 데 팥 난다

콩을 심으면 콩이 나고 팥을 심으면 팥이 나는 게 당연해요. 모든 일은 원인에 따라 걸맞은 결과가 나타난다는 뜻이에요.

83 티끌 모아 태산

티끌은 아주 작은 부스러기나 먼지예요.
아무리 작은 것도 모으고 모으면 나중에 큰 산처럼
대단한 결과를 이룬다는 뜻이에요.

84 팔십 노인도 세 살 먹은 아이한테 배울 것이 있다

나이가 많다고 모든 것을 알진 못해요. 나이에 상관없이 누구에게나
배울 것이 있으니 겸손한 자세를 가지라는 뜻이에요.

85 흐르는 물은 썩지 않는다

물이 한군데 오래 고여 있으면 썩어서 더러워져요. 반대로 쉴 새 없이 흐르는 물은 늘 맑지요. 이처럼 사람도 제자리에 머물러 있지 말고 늘 자기를 발전시키라는 속담이랍니다.

비슷한 속담을 퀴즈로 더 알아봐요. 여러분이 빈칸을 채워 주세요. 정답은 바로 아래에!

노력에 관한 속담 퀴즈!

☐☐도 줄을 쳐야 벌레를 잡는다

노력과 준비가 있어야만 성공할 수 있다는 뜻이에요. 〔거미〕

☐☐대로 거둔다

내가 한 노력이나 행동대로 결과도 돌아온다는 거예요. 〔뿌린〕

☐에 들어가는 밥술도 제가 떠 넣어야 한다

아무리 쉬운 일도 자기 노력이 없으면 이룰 수 없다는 뜻이에요. 〔입〕

☐구멍에도 볕 들 날 있다

앞일이 캄캄한 힘든 상황도 언젠가는 좋아질 수 있다는 거예요. 〔쥐〕

☐☐은 스스로 돕는 자를 돕는다

스스로 노력하는 사람에게는 행운이 따른다는 뜻이에요. 〔하늘〕

하늘을 보아야 ☐을 따지

좋은 결과를 얻으려면 그에 걸맞은 노력을 하라는 뜻이에요. 〔별〕

속담이 모두 완성되었니?
그럼 다음 장으로!

바보토끼

4장

절제에 관한 속담

욕심내는 마음을 다스리는 힘

갖고 싶은 장난감도, 먹고 싶은 간식도, 하고 싶은 게임도 많아요. 하지만 때로는 욕심을 참아야 할 때도 있는 법이랍니다. 절제해야 하는 이유를 속담에서 배워 봐요.

86 가는 토끼 잡으려다 잡은 토끼 놓친다

잡아 둔 토끼에 만족하지 못하고 또 다른 토끼를 잡으려다 둘 다 놓친다는 거예요. 지나치게 욕심을 부리다 더 손해를 본다는 뜻이지요.

87 강물도 쓰면 준다

한강에 가 본 적이 있나요?
물이 많으니 아무리 퍼서 써도
줄지 않을 거 같아요. 하지만 많은 것도
쓰면 줄어요. 뭐든 함부로 쓰지 말고
아끼라는 속담이에요.

88 개구리 올챙이 적 생각 못 한다

개구리가 되기 전 새끼를 '올챙이'라고 해요.
올챙이는 개구리가 되면 모습이 크게 달라지지요.
이처럼 보잘것없던 예전 모습은 잊고
원래부터 잘난 것처럼 으스대는 사람에게 써요.

89 꼬리가 길면 밟힌다

꼬리가 짧으면 숨기 쉽지만 길면 감추기가 어렵겠지요? 나쁜 일을 아무리 남몰래 한다고 해도 잠깐은 속일 수 있겠지만, 오래 두고 여러 번 하면 끝내 들키고 만다는 뜻이에요.

90 남의 눈에 눈물 내면 제 눈에는 피눈물이 난다

남에게 나쁘게 하면 자기는 더 심한 벌을 받는다는 뜻이에요.

91 남의 손의 떡은 커 보인다

똑같은 떡인데 왠지 남의 것이 더 커 보인다고요?
자기 것에 만족하지 못하고 남의 것을 부러워할 때 써요.

92 놓친 고기가 더 커 보인다

다 잡은 고기를 실수로 그만 놓쳤어요. 다시 한 마리 잡았지만 아까 놓친 고기가 더 큰 것 같아요. 내가 가지지 못한 것을 욕심낼 때 써요.

93 달면 삼키고 쓰면 뱉는다

자기에게 도움이 되면 잘해 주지만 필요 없으면 금세 모른 척하고 자기 이익만 챙긴다는 뜻이에요.

94 닭 잡아먹고 오리발 내놓기

남의 닭을 잡아먹고는 오리를 먹은 거라며 발을 증거로 내민다는 거예요. 잘못을 하고는 자기 탓이 아니라고 핑계 댈 때 써요.

95 당장 먹기엔 곶감이 달다

곶감은 달고 맛있어요. 하지만 너무 많이 먹으면 속이 좋지 않아요. 나중에야 어떻게 되든 당장 좋은 일만 할 때 써요.

96 도둑이 제 발 저리다

잘못을 저지르고 혹시 들킬까 봐 안절부절못하는 모습을 뜻해요.

97 떡 줄 사람은 꿈도 안 꾸는데 김칫국부터 마신다

옛날에는 떡이 귀했어요. 떡을 먹을 때는 소화가 잘 되도록 김칫국도 곁들였지요. 상대방은 무엇을 해 줄 생각이 없는데 미리 넘겨짚고 기대한다는 뜻이에요.

98 말 타면 경마 잡히고 싶다

'경마 잡힌다'는 내가 탄 말을 남이 잡고 가게 한다는 뜻이에요. 처음에는 말을 타는 것만도 좋았는데, 조금 지나면 누가 말을 끌고 가 줬으면 하고 바라듯 끝없는 욕심을 나타내요.

99 메뚜기도 유월이 한철이다

메뚜기가 한창 돌아다니는 때는 6월쯤이고, 그때가 지나면 눈에 띄지 않아요. 자기 세상인 듯 번성하는 시기는 그리 길지 않다는 뜻이지요.

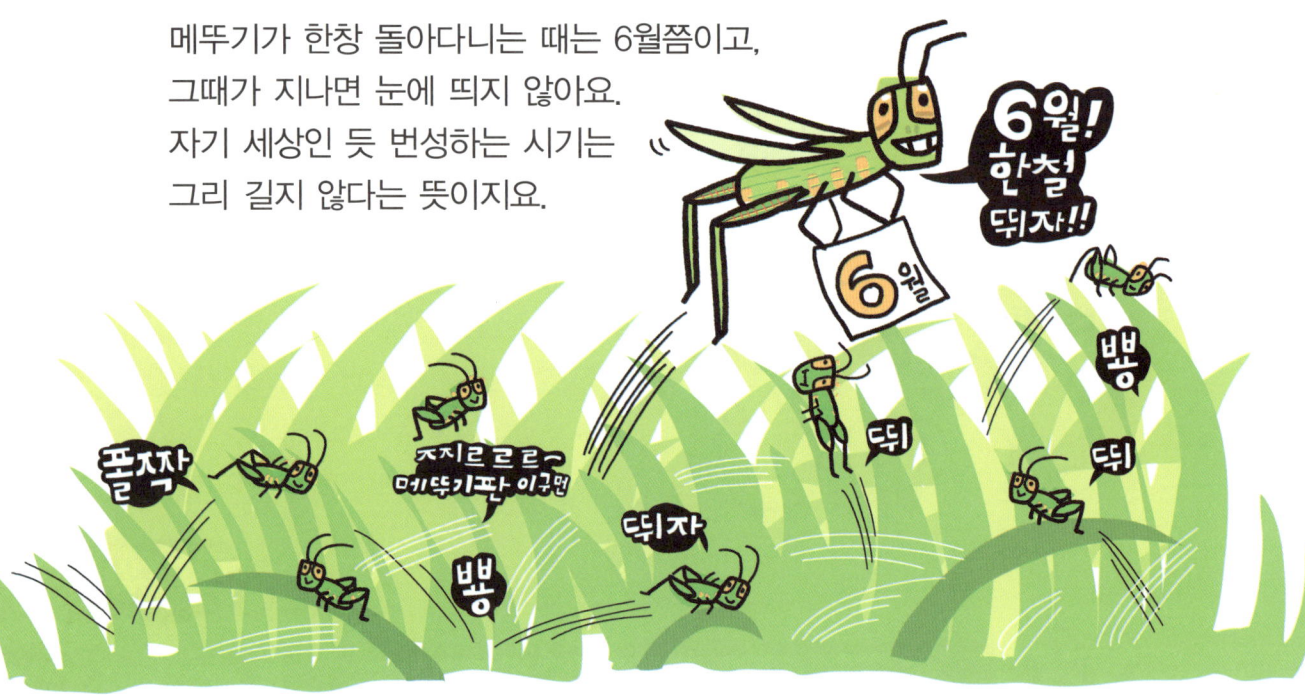

100 바늘 도둑이 소도둑 된다

사소해도 나쁜 일을 자주 하면 버릇이 되어 큰 잘못을 저지르기 쉬워진대요. 그러니 나쁜 행동은 처음부터 바로잡는 게 좋아요.

101 바다는 메워도 사람의 욕심은 못 채운다

바다는 넓어도 그 끝이 있지만 사람의 욕심은 끝이 없어서 결코 채울 수 없다는 말이에요. 욕심내는 마음을 늘 다스려야 한다는 뜻이지요.

77

102 방귀 뀐 놈이 성낸다

자기가 방귀를 뀌고는 창피하니까 남에게 화를 내요. 잘못을 하고는 그걸 감추려고 도리어 남에게 화를 내는 사람에게 써요.

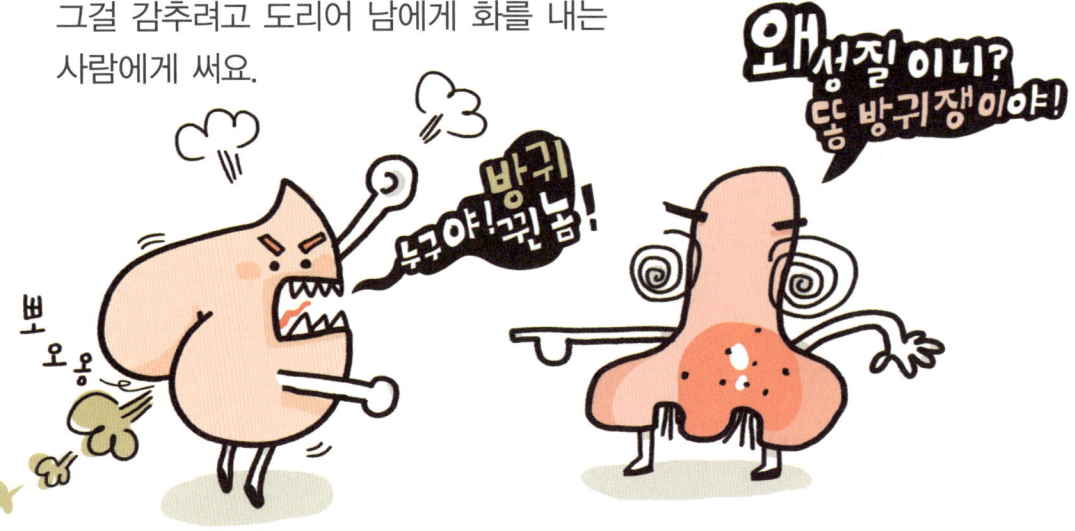

103 배보다 배꼽이 더 크다

2000원짜리 색연필을 주문했는데, 택배비가 3000원이래요. 본래 것보다 거기 딸린 다른 것이 더 클 때를 비꼬는 속담이에요.

104 뱁새가 황새를 따라가면 다리가 찢어진다

뱁새는 황새보다 몸집이 작고 다리도 짧아요. 그런데 황새를 따라 잡으려 하니 다리가 찢어질 수밖에요. 자기 능력 밖의 일은 억지로 하지 말라는 뜻이에요.

105 벼룩의 간을 내먹는다

벼룩은 눈에 잘 띄지도 않을 만큼 작은 곤충이에요. 그러니 벼룩의 간은 얼마나 작을까요? 가진 게 없는 사람한테 무엇을 더 빼앗는 염치없는 행동을 말해요.

106 송충이는 솔잎을 먹어야 한다

송충이는 솔나방 애벌레예요. 솔잎만 갉아 먹지, 다른 건 아무리 좋아도 먹지 못해요. 욕심 부리지 말고 자기 형편에 맞춰 살라는 뜻이에요.

107 신선놀음에 도낏자루 썩는 줄 모른다

재미있는 다른 일에 정신이 팔려서 시간 가는 줄 모르고 정작 해야 할 일을 하지 못할 때 써요.

108 원숭이도 나무에서 떨어진다

원숭이는 나무를 잘 타지만 가끔 떨어지기도 해요. 평소 잘하는 일이라도 때로 실수할 때가 있으니 신중하라는 뜻이에요.

109 저 먹자니 싫고 남 주자니 아깝다

자기에게 필요 없는 물건이라면 다른 사람에게 주면 좋겠지요? 하지만 그건 또 아까워해요. 욕심이 너무 많음을 드러내요.

110 집에서 새는 바가지는 들에 가도 샌다

깨져서 물이 줄줄 흐르는 바가지를 다른 데 가져가서 쓰면 안 샐까요? 못된 사람, 부족한 사람은 어디를 가도 늘 그렇다는 뜻이에요.

111 참새가 방앗간을 그저 지나랴

참새는 곡식을 먹기 좋아하니 곡식이 가득한 방앗간을 그냥 지나칠 수 없겠지요? 좋아하는 게 눈에 띄면 관심을 두게 된다는 뜻이에요.

비슷한 속담을 퀴즈로 더 알아봐요. 여러분이 빈칸을 채워 주세요. 정답은 바로 아래에!

절제에 관한 속담 퀴즈!

남의 밥에 든 ☐ 이 굵어 보인다

자기 것은 두고 남의 것을 탐낼 때 쓰는 말이에요. 콩

☐ 도 차면 기운다

행운도 언제까지나 계속되지는 않으니 겸손하라는 뜻이에요. 달

☐ 을 보니 무섭고 ☐ 가죽을 보니 탐난다

노력은 들이기 싫지만 결과에는 욕심을 낼 때 쓰여요. 범/범

아흔아홉 섬 가진 사람이
☐ 섬 가진 사람의 것을 마저 빼앗으려 한다

많이 가진 사람이 더 가지려 하는 욕심을 나타내요. 한

욕심은 ☐☐☐ 같다

부엉이는 먹이를 많이 쌓아 두는 습성이 있어요.
욕심이 많다는 뜻의 속담이에요. 부엉이

핑계 없는 ☐☐ 이 없다

잘못을 하고도 이런저런 핑계를 대는 사람에게 써요. 무덤

속담이 모두 완성되었니?
그럼 다음 장으로!

5장

사람들과
어울리는 즐거움

인간 관계에 관한 속담

가족, 친구, 이웃 등 우리는 매일 사람들과
어울려 살아요. 여러 사람이 어울릴 때
서로 예절을 잘 지키고 배려하면 모두 즐겁겠지요?
좋은 인간관계에 관한 속담을 알아봐요.

112 가재는 게 편

가재와 게는 생김새가 닮았어요. 이처럼 사람들도 닮은 점이 있거나 비슷한 상황에 있을 때 더 어울리기 쉽다는 속담이에요. 서로 사정을 봐주고 편을 들 때도 써요.

113 가지 많은 나무에 바람 잘 날이 없다

나무에 가지와 잎이 많으면 바람이 조금만 불어도 잘 흔들려요. 이처럼 자식을 많이 둔 부모는 자식 걱정이 끊이지 않는다는 뜻이에요.

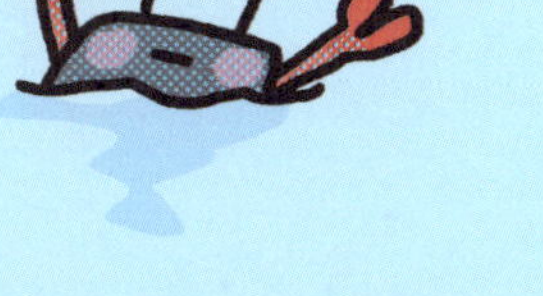

114 고슴도치도 제 새끼는 함함하다고 한다

'함함하다'는 털이 보드랍다는 말이에요. 바늘처럼 뾰족한 고슴도치 털이 보드랍다고 하듯 부모 눈에는 자기 자식이 가장 예쁘다는 뜻이에요.

115 도깨비는 방망이로 떼고 귀신은 경으로 뗀다

여러분 앞에 해결할 문제가 있나요?
어떤 문제를 해결하는 데에는
거기에 맞는 각기 다른 방법이 있다는 뜻이에요.

116 모난 돌이 정 맞는다

'정'은 울퉁불퉁한 돌을 다듬는 도구예요. 모난 돌처럼 사람의 성격과 행동도 모나고 너그럽지 못하면 미움을 산다는 뜻이에요.

117 미운 아이 떡 하나 더 준다

미운 사람일수록 잘해 줘야 사이가 나빠지지 않는다는 뜻이에요. 미운 친구라도 친절하게 대하다 보면 어느새 마음이 풀리고 친해질 수 있답니다.

118 믿는 도끼에 발등 찍힌다

도끼를 노련하게 다루는 사람도 때로 실수할 수 있어요. 실수할 리가 없다고 안심하다가 큰일이 생기거나, 믿었던 사람에게도 배신당할 수 있다는 뜻이에요.

119 바늘 가는 데 실 간다

바느질을 하려면 항상 바늘과 실이 함께 필요해요. 서로 떨어져 있으면 소용이 없지요. 이처럼 늘 붙어 있는 가까운 사이를 가리켜요.

120 부모가 온효자 되어야 자식이 반 효자

부모가 효도하는 모습을 보여야 자식도 배워서 부모의 반이라도 따라 하겠지요. 자식을 가르칠 때 부모가 모범을 보이라는 뜻이에요.

121 불난 집에 부채질한다

불난 데에 부채질을 하면 바람 때문에 불이 더 번져요.
화난 사람을 더 화나게 할 때나 나쁜 상황을
더 나쁘게 만들 때 써요.

122 사람 위에 사람 없고 사람 밑에 사람 없다

사람은 누구나 평등해요. 높은 사람과 낮은 사람이 따로 있지 않아요. 똑같이 소중하다는 뜻이에요.

123 사촌이 땅을 사면 배가 아프다

가까운 사람이 잘되는 것을 기뻐해 주지는 않고 질투한다는 뜻이에요.

124 새끼 많이 둔 소 길마 벗을 날 없다

'길마'는 짐을 싣거나 수레를 끌도록 소의 등에 얹는 도구예요. 길마를 벗지 못한다는 건 계속 일을 한다는 뜻이지요. 부모가 여러 자식을 먹여 살리려고 쉬지 않고 일하는 것을 말해요.

125 아이 보는 데서는 찬물도 못 마신다

아이는 어른의 행동을 금방 보고 배워요.
말과 행동을 조심하고 자신을
늘 돌아보라는 뜻이에요.

126 아이 싸움이 어른 싸움 된다

처음에는 대수롭지 않던 일이 차츰 큰일로 번질 때 써요.

127 열 길 물속은 알아도 한 길 사람의 속은 모른다

'길'은 길이를 재는 단위예요. 한 길은 커다란 사람의 키 정도이니 열 길은 그런 사람 키의 열 배나 돼요. 이처럼 물은 깊어도 그 깊이를 알 수 있지만 사람 속은 좀처럼 알기 힘들다는 뜻이에요.

128 열 손가락 깨물어 안 아픈 손가락이 없다

손가락을 하나씩 깨물어 보세요. 안 아픈 손가락이 있던가요?
부모에게는 모든 자식이 똑같이 귀하고 소중하다는 뜻이에요.

129 웃는 낯에 침 뱉으랴

항상 웃고 좋게 말하는 사람한테는
쉽게 화내지 못한다는 뜻이에요.

130 윗물이 맑아야 아랫물이 맑다

위에 흐르는 물이 맑으면 아래로 흐르는 물도 당연히 맑겠지요? 사람도 윗사람이 잘하면 아랫사람도 따라서 잘하게 된다는 뜻이에요.

131 이웃이 사촌보다 낫다

가까이 있는 이웃이 멀리 사는 친척보다 좋다는 뜻이에요. 남이라도 자주 만나고 서로 도우면 가족만큼이나 친해질 수 있다는 속담이지요.

132 자식 둔 골은 호랑이도 돌아본다

짐승도 자기 새끼를 이토록 걱정하고 사랑해요. 그러니 사람의 자식 사랑은 얼마나 클지 더 말할 필요가 없겠죠?

133 찬물도 위아래가 있다

찬물을 마시는 것처럼 별것 아닌 일에도 정해진 순서가 있으니,
차례를 지켜야 한다는 뜻이에요.
윗사람을 공경하라는 뜻도 있어요.

134 친구 따라 강남 간다

친구가 어디를 가면 별생각 없이 따라간다는 뜻이에요.
남들이 다 하니까 나도 휩쓸려서 따라 할 때 써요.

135 피는 물보다 진하다

남보다는 가족이 훨씬 가깝고 친밀하다는 말이에요. 중요한 순간에 남보다 가족을 먼저 챙긴다는 뜻으로도 써요.

136 형만 한 아우 없다

형이 동생보다 아는 게 많고 생각도 깊다는 뜻이에요. 먼저 태어나서 보고 겪은 게 더 많으니까요. 형이 동생을 사랑하는 마음이 더 크다는 뜻도 있어요.

137 효성이 지극하면 돌 위에 풀이 난다

부모에게 깊이 효도하면 하늘을 감동시켜 기적처럼 좋은 일이 생긴대요. 어떤 어려움이 있어도 부모를 잘 모셔야 한다는 뜻도 있지요.

인간관계에 관한 속담 퀴즈!

비슷한 속담을 퀴즈로 더 알아봐요. 여러분이 빈칸을 채워 주세요. 정답은 바로 아래에!

☐☐ 사랑은 있어도 치사랑은 없다

윗사람이 아랫사람을 사랑하기는 쉬워도
아랫사람이 윗사람을 사랑하기는 어렵다는 말이에요. 내리

남의 장단에 ☐ 춘다

내 의견 없이 남이 하는 대로만 따라 할 때 써요. 춤

오는 ☐이 있어야 가는 ☐이 있다

남에게 친절해야 남도 나에게 친절하게 대한다는 뜻이에요. 정/정

☐☐는 옛 ☐☐가 좋고 옷은 새 옷이 좋다

친구는 오래 사귄 친구일수록 정이 두텁고 깊어서 좋다는 뜻이에요. 친구/친구

☐☐도 제짝이 있다

누구에게나 자신에게 잘 어울리는 짝이 있다는 거예요. 짚신

☐은 안으로 굽는다

사람은 자기와 가까운 사람에게 마음을 더 준다는 뜻이에요. 팔

6장

말조심에 관한 속담

좋은 말, 예쁜 말의 마법

우리가 하는 말은 눈에 보이지 않아도 정말 큰 힘을 가져요. 언제 어디서든 말조심이 중요하답니다. 고운 말, 긍정적인 말을 써야 하는 이유를 속담으로 만나요.

138 가는 말이 고와야 오는 말이 곱다

남에게 나쁜 말을 하면 남도 기분이 상해서 나에게 나쁜 말을 하게 될 거예요. 이처럼 내가 말하고 행동한 그대로 나에게 돌아오니 좋은 말과 행동을 하라는 뜻이에요.

139 가루는 칠수록 고와지고 말은 할수록 거칠어진다

가루를 체에 여러 번 치면 더 고운 가루가 돼요. 하지만 말은 할수록 실수가 나오고 오해를 불러 말다툼을 할 수도 있으니 조심하라는 속담이에요.

140 길이 아니거든 가지 말고 말이 아니거든 듣지 말라

바르지 않은 말과 행동은 아예 처음부터 할 생각을 말라는 뜻이에요. 나쁜 유혹에 빠질 수 있는 상황에서도 마음을 바로잡고 조심하라는 말이지요.

141 남의 말 하기는 식은 죽 먹기

죽은 부드러워 목으로 술술 넘어가요. 식어서 뜨겁지 않은 죽이라면 더 빠르게 먹을 수 있지요. 남의 잘못을 말하거나 흉보는 일도 이처럼 쉬워서 자주 하게 되니 신중하라는 속담이에요.

142 남의 말도 석 달

나에 대해 안 좋은 소문이 나더라도 시간이 흐르면 잊힌다는 뜻이에요. 소문 때문에 너무 속상해하지 말라는 위로의 속담이에요.

143 남의 말이라면 쌍지팡이 짚고 나선다

남을 흉보기 좋아해서 먼저 나선다는 뜻이에요. 지팡이를 두 개나 짚고 나설 정도로 참견을 심하게 하는 사람에게도 써요.

144 낮말은 새가 듣고 밤말은 쥐가 듣는다

주위에 아무도 없는 것 같아도 누군가 들을 수 있으니 항상 말조심하라는 속담이에요.

145 말 안 하면 귀신도 모른다

속마음을 다른 사람에게 말하지 않으면 아무도 알 수 없어요.
하고 싶은 말이 있으면 혼자 애태우지 말고 말로 표현하세요.

146 말 한마디에 천 냥 빚도 갚는다

말만 잘해도 빚을 갚을 정도로 말에는 엄청난 힘이 있어요. 겸손하고 바르게 말하면 어려움을 극복할 때도 큰 도움이 되지요.

147 말로는 못 할 말이 없다

말로는 무얼 하겠다고 해 놓고 지키지 않으면 무슨 말인들 못 하겠어요? 말만 하는 건 아무나 다 쉽게 할 수 있다는 뜻이에요.

148 말은 **청산유수**다

'청산유수'는 푸른 산에 흐르는 물이라는 뜻이에요. 흐르는 물처럼 쉴 새 없이 떠드는 사람, 말은 잘하지만 정작 책임은 지지 않는 사람에게 써요.

149 말이 고마우면 비지 사러 갔다가 두부 사 온다

비지는 두부를 만들고 난 찌꺼기여서 값이 싸요. 비지를 사러 갔는데 가게 주인이 상냥하게 말하면 손님은 고마운 마음에 두부까지 더 사게 돼요. 이처럼 좋은 말을 하면 좋은 일이 생긴답니다.

150 말이 말을 만든다

말이 여러 번 옮겨 가면 말하는 사람들의 생각도 덧붙어 원래 의미와 사뭇 달라져요. 말을 전할 때 신중하라는 뜻이지요.

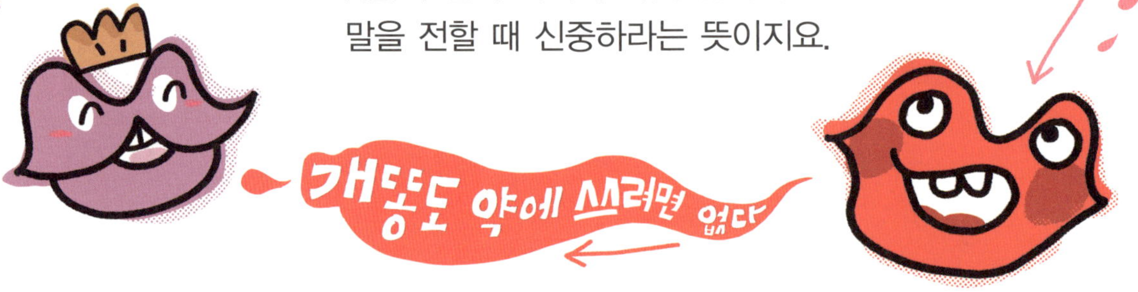

151 말이 씨가 된다

"잘할 거야."라고 말하면 잘되고, "못 할 거야."라고 말하면 정말 잘 안 된대요. 무심코 한 말이 마음과 생각에도 영향을 준다고 하니 늘 좋은 말, 긍정적인 말을 하는 게 좋겠지요?

152 발 없는 말이 천 리 간다

동물 말은 발이 있어요. 사람이 입으로 하는 말은 발이 없고요. 사람의 말이나 소문은 동물 말처럼 발도 달리지 않았지만 그보다 훨씬 멀리, 빨리 퍼질 수 있으니 항상 말조심하라는 속담이에요.

153 사람의 혀는 뼈가 없어도 사람의 뼈를 부순다

말의 힘이 무섭다는 뜻이에요. 말을 잘못하면 마치 사람의 뼈를 부수는 것처럼 마음에 큰 상처를 줄 수 있다는 것이지요.

154 세 치 혀가 사람 잡는다

'치'는 길이를 재는 단위로, 세 치는 9센티미터 정도예요. 이처럼 혀는 비록 작지만, 거기서 나오는 말은 사람을 죽이거나 살릴 정도로 엄청난 힘을 가진다는 뜻이에요.

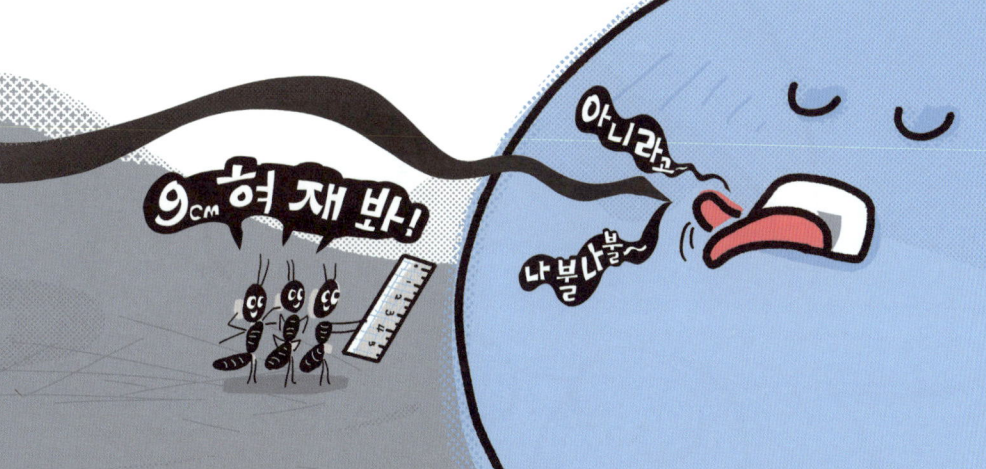

155 입은 비뚤어져도 말은 바로 하랬다

입이 비뚤어지면 말하는 게 힘들겠죠?
어떤 어려운 상황에서도 옳은 말, 바른 말,
정직한 말을 해야 한다는 뜻이에요.

156 혀 아래 도끼 들었다

도끼는 날이 날카로워 잘못 다루면 심하게 다칠 수
있어요. 말도 잘못 다루면 다른 사람의 마음과
기분에 크게 상처 낼 수 있다는 속담이에요.

157 호랑이도 제 말 하면 온다

친구를 흉보는데 그 친구가 딱 나타날 때가 있어요. 그럴 때 쓰는 속담이에요. 어떤 사람이 그 자리에 없다고 해서 함부로 이야기하면 안 되겠지요?

비슷한 속담을 퀴즈로 더 알아봐요. 여러분이 빈칸을 채워 주세요. 정답은 바로 아래에!

말조심에 관한 속담 퀴즈!

같은 말이라도 ☐ 해 다르고 ☐ 해 다르다

비슷한 말도 어떻게 하느냐에 따라 듣기 좋은 말도 되고, 듣기 싫은 말도 된다는 뜻이에요. 아/어

군말이 많으면 ☐ 말이 적다

말을 많이 해도 정작 필요한 말은 적으니 말을 아끼라는 거예요. 쓸

말로 온 ☐☐ 다 겪는다

행동은 하지 않고 말로만 때운다는 뜻이에요. 용마

☐이 ☐☐이고 마음이 말이다

사람의 말에는 속마음이 다 드러난다는 뜻이에요. 말/마음

☐은 쏟고 주워도 ☐은 하고 못 줍는다

말은 한 번 하면 되돌릴 수 없으니 신중하라는 속담이에요. 쌀/말

익은 밥 먹고 선☐☐ 한다

경우에 맞지 않게 말하는 사람에게 써요. 소리

속담이 모두 완성되었니?
그럼 다음 장으로!

7장

현명하게 다루어야 하는 돈

돈
에 관한 속담

사람이 먹고사는 데 꼭 필요한 것이 돈이에요. 돈은 이처럼 중요하기 때문에 관련된 속담도 아주 많지요. 돈을 현명하게 다루는 조상들의 비법을 들어봐요.

158 가랑비에 옷 젖는 줄 모른다

가랑비는 보슬보슬 조금씩 내리는 비예요. 하지만 비가 가늘다고 그대로 맞다 보면 어느새 옷이 젖어요. 사소한 이익이나 손해도 처음에는 별것 아닌 것 같지만 쌓이면 커진다는 뜻이에요.

159 같은 값이면 다홍치마

다홍치마는 색깔이 고와 특별한 날에만 입던 치마예요. 물건이 비슷비슷하거나 같은 값이라면 좀 더 보기 좋은 것을 선택한다는 뜻이지요.

160 개같이 벌어서 정승같이 산다

돈을 벌 때는 힘들거나 궂은 일을 가리지 말고 벌고,
반대로 돈을 쓸 때는 떳떳하고 보람 있게 쓰라는 뜻이에요.

161 곶감 꼬치에서 곶감 빼 먹듯

곶감이 맛있다고 꼬치에서 하나둘 빼 먹다 보면 금세 줄어들어요. 이처럼 열심히 모은 재산을 야금야금 써 없애는 것을 말해요.

162 굿이나 보고 떡이나 먹지

무당이 굿을 하는데 쓸데없이 참견을 하면 쫓겨날 수 있어요. 그럼 굿이 끝나고 주는 떡도 못 먹겠지요? 남 일에 참견하지 말고 자기 몫이나 잘 챙기라는 뜻이에요.

163 궤 속에 녹슨 돈은 똥도 못 산다

돈은 금속으로 만들어서 오래 쓰지 않고 두면 녹이 슬어요. 녹슨 돈은 쓰기가 어렵지요. 돈은 필요할 때 바로 써야 값어치를 다 한다는 뜻이에요.

164 꿈에 나타난 돈도 찾아 먹는다

구두쇠는 꿈에서도 돈을 챙긴대요. 인색하고 욕심이 많아서 자기 몫은 무슨 수를 써서든 챙기는 사람을 이르는 속담이에요.

165 꿩 먹고 알 먹는다

꿩을 잡아먹으려는데 마침 배 속에 알도 들어 있지 뭐예요! 한 가지 일로 두 가지가 넘는 이익을 얻을 때 쓰는 말이에요.

166 돈만 있으면 개도 멍첨지라

'첨지'는 조선 시대 벼슬 이름이에요. 보잘것없는 사람도 돈이 많다면 귀하게 대접한대요. 돈만 있으면 뭐든 되는 상황을 비꼬아요.

167 돈이 돈을 번다

돈이 있어야 돈을 이용해서 이익을 남기고, 또 그 이익을 이용해서 더 큰 돈을 번다는 뜻이에요. 부자가 욕심을 내어 더 큰 부자가 되려는 것을 비꼬는 뜻으로도 써요.

168 돈이라면 호랑이 눈썹이라도 빼 온다

사나운 호랑이의 눈썹을 뽑는 것은 목숨까지 걸어야 하는 매우 위험한 일이에요. 돈이 생긴다면 아무리 위험한 일이라도 나서서 할 때 쓰여요.

169 밑져야 본전

'밑진다'는 건 손해를 본다는 뜻이에요. '본전'은 원래 가졌던 돈이고요. 무슨 일을 할 때 잘못되거나 손해가 생겨도 더 잃을 것이 없으니 용기를 내라는 뜻을 담고 있어요.

170 버린 밥으로 잉어를 낚는다

돈이나 노력을 거의 들이지 않고 큰 이익을 얻는다는 뜻이에요.

171 사람 나고 돈 났지 돈 나고 사람 났나

아무리 돈이 중요해도 사람보다 더 중요할 수 없어요. 돈밖에 모르고 사람을 귀하게 여기지 않을 때 써요.

172 쌈짓돈이 주머닛돈

쌈지에 든 돈이든 주머니에 든 돈이든 그 돈이 그 돈이라는 말이에요. 누구의 돈이라고 구별할 것 없이 같이 쓰자는 뜻이에요.

173 재주는 곰이 넘고 돈은 주인이 받는다

힘들게 일한 사람은 따로 있는데, 일한 대가를 엉뚱한 사람이 가져간다는 뜻이에요.

174 한 푼 돈을 우습게 여기면 한 푼 돈에 울게 된다

지금 돈이 많더라도 언젠가 어려워질 수 있으니 아무리 적은 돈이라도 아끼고, 하찮게 여기지 말라는 뜻이에요.

돈에 관한 속담 퀴즈!

비슷한 속담을 퀴즈로 더 알아봐요. 여러분이 빈칸을 채워 주세요. 정답은 바로 아래에!

가난할수록 ☐☐☐ 짓는다
넉넉하지 못한 살림일수록 남에게 업신당하기 싫어서 허세를 부린다는 뜻이에요. `기와집`

☐☐ 좋고 매부 좋다
어떤 일이 한 사람이 아니라 여러 사람에게 이익이 될 때 써요. `누이`

돈이면 ☐☐☐도 연다
돈만 있으면 못할 일이 없다는 뜻이에요. 돈의 힘을 드러내요. `지옥문`

부잣집 ☐ 개는 작다
부자이지만 인색해서 떡도 되도록 작게 빚는다는 거예요. `떡`

싼 것이 ☐☐☐
값이 싼 것은 품질도 낮기 마련이니 잘 따져서 선택하라는 뜻이에요. `비지떡`

천석꾼에 ☐ 가지 걱정 만석꾼에 ☐ 가지 걱정
곡식을 천 석, 만 석이나 가져서 부자가 될수록 걱정도 늘어난다는 뜻이에요. `천/만`

속담이 모두 완성되었니? 그럼 다음 장으로!

8장 동물에 빗댄 속담

동물의 특성에 빗댄 삶의 지혜

속담에는 사람과 친근한
개, 고양이, 닭, 돼지, 소부터
무시무시한 호랑이와 뱀도 자주 나와요.
동물의 특징을 빗댄 속담을 배워요.

175 개 발에 편자

'편자'는 말발굽에 덧대는 쇳조각이에요. 당연히 개 발에는 맞지 않지요. 이처럼 옷차림이나 물건이 자기에게 어울리지 않고 이상할 때 써요.

176 고래 싸움에 새우 등 터진다

커다란 고래 두 마리가 싸워요. 그 사이에 새우가 끼어 있으면 어떻게 될까요? 상상만 해도 끔찍해요. 힘센 사람들의 싸움에 아무 관계없는 약한 사람이 피해를 입을 때 쓰여요.

177 고양이 목에 방울 달기

고양이는 쥐를 잡아먹어요. 고양이 목에 방울을 달아 소리가 나게 하면 쥐가 도망가기 편할 텐데요. 하지만 어떤 겁 없는 쥐가 방울을 달려고 나설까요? 아무도 못 할 일을 두고 의논만 할 때 써요.

178 곰이라 발바닥 핥으랴

배고픈데 먹을 게 없으면 곰은 발바닥에 묻은 것이라도 핥지만 사람은 발바닥을 핥을 수도 없어요. 먹을 게 아무것도 없을 만큼 궁핍한데 달리 방법이 없다는 뜻이에요.

179 구렁이 담 넘어가듯

구렁이는 소리 없이 슬그머니 기어다녀요. 어떤 일을 확실하게 하지 않고 스리슬쩍 넘어갈 때 쓰는 말이에요.

180 굼벵이도 구르는 재주가 있다

'굼벵이'는 딱정벌레 애벌레예요. 작고 굼뜨지만 몸을 웅크리면 데구루루 잘 굴러요. 누구든 재주가 하나쯤은 있다는 뜻이에요.

181 궁지에 빠진 쥐가 고양이를 문다

고양이를 마주친 쥐도 더 이상 물러날 곳이 없으면 온 힘을 다해 덤벼들어요. 급하면 연약한 사람도 큰 힘을 낼 수 있으니 조심하라는 뜻이에요.

182 꿩 대신 닭

꿩이 없어서 닭으로 대신한대요. 필요한 게 없어서 아쉽지만 비슷한 것으로 바꾸어 쓸 때를 말해요.

183 닭 쫓던 개 지붕 쳐다보듯

개가 닭을 열심히 쫓아가는데, 닭이 지붕으로 올라가면 더 이상 어쩔 수 없어요. 하던 일이 헛수고가 될 때 써요.

184 닭의 벗이 될지언정 소의 꼬리는 되지 마라

닭은 작지만 벗은 몸의 맨 앞에 있어요. 소는 크지만 꼬리는 맨 뒤에 있지요. 대단한 사람의 뒤를 쫓기보다 작게라도 우두머리가 되라는 뜻이에요.

185 돼지에 진주 목걸이

값비싼 진주 목걸이를 걸어 줘도 돼지는 아무것도 몰라요.
이처럼 가치를 모르는 사람에게는 어떤 보물도
소용이 없다는 뜻이에요.

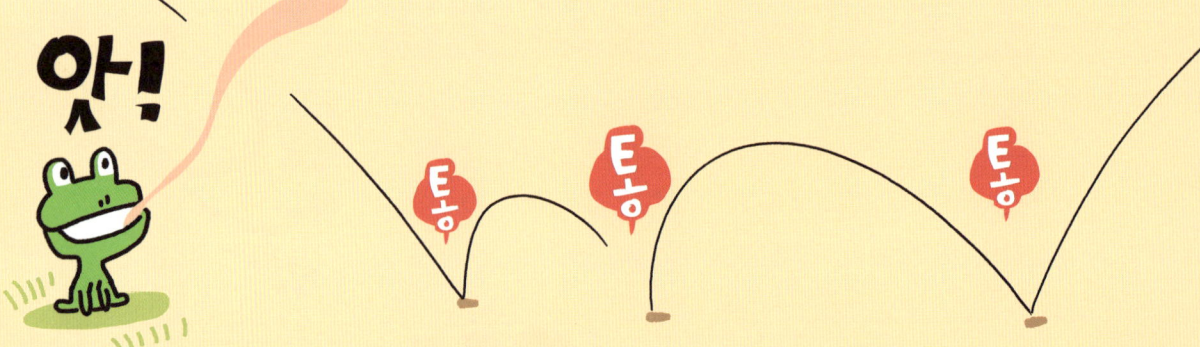

186 독 안에 든 쥐

독 안에 든 쥐는 바깥으로 빠져나가려 해도 벽이 미끄러워서 올라가지 못해요. 궁지에서 벗어날 수 없는 막막한 처지를 가리키지요.

187 뛰어야 벼룩

눈에 잘 보이지도 않는 작은 벼룩이 뛰어야 얼마나 멀리 가겠어요? 도망쳐 봐야 크게 벗어날 수 없다는 말이에요.

188 물고기는 물을 떠나 살 수 없다

물고기는 물 밖에서 살 수 없고, 사람은 물속에서 살 수 없어요. 저마다 자신에게 맞는 환경이 있다는 뜻이에요.

189 미꾸라지 한 마리가 온 웅덩이를 흐려 놓는다

미꾸라지 한 마리가 헤엄치자 맑았던 웅덩이가 온통 흙탕물이 된다는 뜻이에요. 한 사람이 잘못해서 여러 사람이 피해를 볼 때 써요.

190 범도 죽을 때 제 굴에 가서 죽는다

'범'은 호랑이예요. 호랑이처럼 사람도 죽을 때가 되면 태어난 고향을 더욱 그리워하게 된다는 뜻이지요.

191 벼룩도 낯짝이 있다

'낯'은 얼굴을 말하는데, 양심 또는 체면을 가리키는 속뜻도 있어요. 아무리 작은 벼룩도 얼굴이 있으니 사람이라면 최소한의 양심과 체면을 챙겨야 한다는 뜻이에요.

192 얌전한 고양이 부뚜막에 먼저 올라간다

겉으로는 점잖은 체하면서 뒤로는 딴짓을 하거나 욕심을 채울 때 써요.

193 지렁이도 밟으면 꿈틀한다

지렁이는 작고 연약해요. 소리도 내지 않지요. 순하고 좋은 사람도 너무 못살게 굴면 화를 낸다는 뜻이에요.

194 토끼가 제 방귀에 놀란다

자기가 한 잘못을 걱정하느라 사소한 일에도 놀란다는 뜻이에요.
평소에 잘 놀라고 겁 많은 사람을 부를 때도 써요.

195 하룻강아지 범 무서운 줄 모른다

'하룻강아지'는 한 살 된 강아지예요. 호랑이가 얼마나 무서운지도 모르지요. 철이 없어서 되지도 않을 일에 함부로 덤비는 사람에게 써요.

196 호랑이 없는 골에 토끼가 왕 노릇 한다

힘센 호랑이는 동물의 왕이라고 불려요. 그런데 호랑이가 없을 때는 토끼가 왕 노릇을 한대요. 뛰어난 사람이 없을 때는 그보다 못한 사람이 잘난 척하며 나선다는 뜻이에요.

197 황소 뒷걸음치다가 쥐 잡는다

황소가 뒷걸음치다가 우연히 쥐를 밟아 잡았어요.
일부러 노력한 게 아닌데 뜻밖의 좋은 일이 생겼을 때 써요.

비슷한 속담을 퀴즈로 더 알아봐요. 여러분이 빈칸을 채워 주세요. 정답은 바로 아래에!

동물에 관한 속담 퀴즈!

개천에서 ☐ 난다

작은 개천에서 용이 나듯 어려운 환경에서 훌륭한 사람이 나올 때 써요. 용

게으른 말 ☐ 탓하기

자기 잘못은 모르고 남만 탓할 때 써요. 짐

소도 ☐☐이 있어야 비빈다

뭔가 비빌 데가 있어야 소가 가려운 곳을 긁겠지요? 누구나 의지할 데가 필요하다는 거예요. 언덕

☐☐ 보고 놀란 가슴 ☐ 뚜껑 보고 놀란다

무얼 보고 한 번 놀란 사람은 비슷한 것만 봐도 겁을 낸다는 뜻이에요. 자라/솥

호랑이는 죽어서 ☐☐을 남기고 사람은 죽어서 ☐☐을 남긴다

호랑이 가죽은 귀해요. 사람도 이처럼 이름을 명예롭게 남겨야 한다는 거예요. 가죽/이름

☐☐☐도 제 새끼 귀여워할 줄 안다

부모가 자식을 얼마나 사랑하는지를 뜻하는 속담이에요. 고슴도치

속담이 모두 완성되었니? 그럼 다음 장으로!

9장 아주 자주 쓰는 속담

국어 왕의 속담 실력

마지막 장에서는 짧고 간단하지만
생활 속에서 가장 많이 쓰는 속담만을 골랐어요.
조금만 더 익히면 속담 왕,
국어 왕이 될 수 있을 거예요!

198 가는 날이 장날

도서관에 갔는데 마침 쉬는 날이래요.
뜻밖에 상황으로 일이 잘 안 풀릴 때 써요.

199 개똥도 약에 쓰려면 없다

사소하거나 흔한 것도 정작 필요할 때는
잘 안 보인다는 뜻이에요.

200 개똥밭에 굴러도 이승이 좋다

고생스럽게 지내더라도 살아 있음이 좋은 것이라는 뜻이에요.

201 구더기 무서워 장 못 담글까

어느 정도 방해를 받더라도 꼭 해야
할 일은 하라는 뜻이에요.

202 굴러온 돌이 박힌 돌 뺀다

새로 온 사람이 원래 있던
사람을 내쫓거나 밀어낸다는 뜻이에요.

203 귀신 씻나락 까먹는 소리

잘 안 들리게 우물거리는 소리나
엉뚱하고 쓸데없는 말을 가리켜요.

204 귀신이 곡할 노릇

귀신조차 기가 막혀 울 정도로 이해할 수 없는
이상한 일이 일어났을 때 쓰여요.

205 꾸어다 놓은 보릿자루

어떤 자리에 잘 어울리지 못하고
한쪽에 가만히 있는 사람을 말해요.

206 꿈보다 해몽이 좋다

특별한 일이 아닌데 매우 좋거나 대단한 것처럼 꾸며 말할 때 써요.

207 남의 다리 긁는다

꼭 해야 하는 일을 하지 않고 엉뚱하게 다른 일을 할 때 써요.

208 내 코가 석 자

길게 흐른 콧물을 닦지도 못할 정도로 내 일이 너무 급해 남을 살필 여유가 없다는 뜻이에요.

209 달걀로 바위 치기

상대가 너무 강해서 절대 이길 수 없어 보이는 상황에 써요.

210 되로 주고 말로 받는다

준 것보다 열 배나 더 많이 되돌려 받는다는 뜻이에요. 남을 속이려다 더 크게 당할 때에도 써요.

211 될성부른 나무는 떡잎부터 알아본다

훌륭하게 될 사람은 어릴 때부터 그 뛰어남이 드러난다는 뜻이에요.

212 땅 짚고 헤엄치기

아주 하기 쉬운 일을 두고 쓰는 말이에요.

213 마른하늘에 날벼락

뜻하지 않게 나쁜 일을 당할 때 쓰는 속담이에요.

214 마파람에 게 눈 감추듯

음식을 순식간에 먹어 치우거나 급히 하는 행동을 말해요.

215 바람 앞의 등불

언제 꺼질지 모르는 등불처럼 처지가 아주 위태롭다는 뜻이에요.

216 방귀가 잦으면 똥 싸기 쉽다

어떤 일과 관계되는 말이 자꾸 나면 그 일이 진짜로 생기기 쉽다는 뜻이에요.

217 보기 좋은 떡이 먹기도 좋다

겉모양이 좋으면 내용도 알차고 좋은 경우가 많다는 뜻이에요.

218 부뚜막의 소금도 집어넣어야 짜다

쉬운 일도 생각만 하고 행동하지 않으면 이루어지지 않는다는 뜻이에요.

219 사공이 많으면 배가 산으로 간다

이러쿵저러쿵 참견하는 사람이 많으면 일이 오히려 엉망이 된다는 뜻이에요.

220 서울 가서 김 서방 찾기

김 씨는 어디든 정말 많아요. 무작정 김 서방을 찾아 나서는 것처럼 확실한 계획 없이 일을 벌일 때 써요.

221 소문난 잔치에 먹을 것 없다

뭔가 대단할 줄 알았는데 알고 보니 별 볼 일 없다는 뜻이에요.

222 아니 땐 굴뚝에 연기 날까

어떤 일이 결국 일어난 데는 반드시 그 원인이 있다는 뜻이에요.

223 약방에 감초

감초는 한약에 거의 다 들어가는 재료예요. 어떤 일에나 빠지지 않고 꼭 끼는 사람을 뜻해요.

224 엎드려 절 받기

상대방은 대접할 마음이 없는데 억지로 요구해서 대접을 받는다는 뜻이에요.

225 이 없으면 잇몸으로 살지

꼭 필요해서 없으면 안 될 것 같지만 없으면 없는 대로 견딜 수 있다는 뜻이에요.

226 입은 거지는 얻어먹어도 벗은 거지는 못 얻어먹는다

옷차림이 깨끗하고 단정해야 남에게도 대우받는다는 뜻이에요.

227 호박이 넝쿨째로 굴러떨어졌다

뜻밖에 좋은 일이나 물건이 생겼을 때 쓰는 말이에요.

비슷한 속담을 퀴즈로 더 알아봐요. 여러분이 빈칸을 채워 주세요. 정답은 바로 아래에!

아주 자주 쓰는 속담 퀴즈!

가물에 ☐ 나듯

'가물'은 가뭄이에요. 가뭄에는 콩이 잘 싹트지 못하듯 어떤 일이나 물건이 드문드문 있는 경우를 말해요. 콩

강 건너 ☐ 구경

불난 것을 멀찍이 보듯 어떤 일을 모른 체한다는 뜻이에요. 불

고양이 ☐ 생각

고양이가 쥐를 보면 잡아먹고 싶겠죠? 그러면서 겉으로는 걱정해 주는 척할 때 써요. 쥐

그 ☐☐ 에 그 밥

서로 비슷한 수준끼리 짝이 되거나 어울린다는 뜻이에요. 그릇

울며 ☐☐ 먹기

맵다고 울면서도 겨자를 먹는대요. 싫은 일을 억지로 할 때 써요. 겨자

하늘의 ☐ 따기

높디높은 하늘의 별을 따는 것처럼 거의 불가능한 일을 가리켜요. 별

속담 퀴즈 끝!
당신은 속담 왕~ 국어 왕~

찾아보기

가난할수록 기와집 짓는다 132
가는 날이 장날 150
가는 말이 고와야 오는 말이 곱다 106
가는 방망이 오는 홍두깨 48
가는 토끼 잡으려다 잡은 토끼 놓친다 68
가랑비에 옷 젖는 줄 모른다 122
가랑잎으로 눈 가리기 30
가랑잎이 솔잎더러 바스락거린다고 한다 31
가루는 칠수록 고와지고
말은 할수록 거칠어진다 107
가물에 콩 나듯 158
가재는 게 편 86
가지 많은 나무에 바람 잘 날이 없다 87
감나무 밑에 누워서 홍시 떨어지기를 기다린다 50
강 건너 불구경 158
강물도 쓰면 준다 69
같은 값이면 다홍치마 123
같은 말이라도 아 해 다르고 어 해 다르다 120
개 발에 편자 134
개같이 벌어서 정승같이 산다 124
개구리 올챙이 적 생각 못 한다 70
개똥도 약에 쓰려면 없다 150
개똥밭에 굴러도 이승이 좋다 150
개천에서 용 난다 148
거미도 줄을 쳐야 벌레를 잡는다 66

걷기도 전에 뛰려고 한다 31
겉 다르고 속 다르다 32
게으른 말 짐 탓하기 148
고래 싸움에 새우 등 터진다 135
고생 끝에 낙이 온다 51
고슴도치도 제 새끼는 함함하다고 한다 88
고양이 목에 방울 달기 136
고양이 쥐 생각 158
고양이한테 생선을 맡기다 33
곰이라 발바닥 핥으랴 137
공든 탑이 무너지랴 51
곶감 꼬치에서 곶감 빼 먹듯 124
구더기 무서워 장 못 담글까 150
구렁이 담 넘어가듯 137
구르는 돌은 이끼가 안 낀다 52
구슬이 서 말이라도 꿰어야 보배 52
군말이 많으면 쓸 말이 적다 120
굴러온 돌이 박힌 돌 뺀다 151
굼벵이도 구르는 재주가 있다 138
굿이나 보고 떡이나 먹지 125
궁지에 빠진 쥐가 고양이를 문다 138
궤 속에 녹슨 돈은 똥도 못 산다 125
귀신 씻나락 까먹는 소리 151
귀신이 곡할 노릇 151
그 나물에 그 밥 158
금강산도 식후경 28

급하다고 바늘허리에 실 매어 쓸까 8
기와 한 장 아끼다가 대들보 썩힌다 34
길이 아니거든 가지 말고 말이 아니거든 듣지 말라 108
김 안 나는 숭늉이 더 뜨겁다 9
까마귀 날자 배 떨어진다 10
꼬리가 길면 밟힌다 71
꾸어다 놓은 보릿자루 151
꿀도 약이라면 쓰다 34
꿈보다 해몽이 좋다 152
꿈에 나타난 돈도 찾아 먹는다 126
꿩 대신 닭 139
꿩 먹고 알 먹는다 126

낫 놓고 기역 자도 모른다 53
낫으로 눈 가려운 데 긁기 35
낮말은 새가 듣고 밤말은 쥐가 듣는다 111
내 코가 석 자 152
내리사랑은 있어도 치사랑은 없다 104
냉수 먹고 이 쑤시기 36
놓친 고기가 더 커 보인다 73
누울 자리 봐 가며 발을 뻗어라 11
누워서 침 뱉기 37
누이 좋고 매부 좋다 132
눈 가리고 아웅 37
눈에 콩깍지가 씌었다 48
늦게 배운 도둑이 날 새는 줄 모른다 54

낙숫물이 댓돌을 뚫는다 53
남의 눈에 눈물 내면 제 눈에는 피눈물이 난다 72
남의 다리 긁는다 152
남의 말 하기는 식은 죽 먹기 109
남의 말도 석 달 110
남의 말이라면 쌍지팡이 짚고 나선다 110
남의 밥에 든 콩이 굵어 보인다 84
남의 손의 떡은 커 보인다 72
남의 잔치에 감 놓아라 배 놓아라 한다 35
남의 장단에 춤춘다 104

다람쥐 쳇바퀴 돌 듯 한다 48
달걀로 바위 치기 152
달도 차면 기운다 84
달면 삼키고 쓰면 뱉는다 73
닭 잡아먹고 오리발 내놓기 74
닭 쫓던 개 지붕 쳐다보듯 139
닭의 볏이 될지언정 소의 꼬리는 되지 마라 139
당장 먹기엔 곶감이 달다 74
도깨비는 방망이로 떼고 귀신은 경으로 뗀다 89

도둑에게 열쇠 주는 격 48

도둑이 제 발 저리다 74

독 안에 든 쥐 141

돈만 있으면 개도 멍첨지라 127

돈이 돈을 번다 127

돈이라면 호랑이 눈썹이라도 빼 온다 128

돈이면 지옥문도 연다 132

돌다리도 두들겨 보고 건너라 11

돼지에 진주 목걸이 140

되로 주고 말로 받는다 153

될성부른 나무는 떡잎부터 알아본다 153

등잔 밑이 어둡다 12

땅 짚고 헤엄치기 153

떡 줄 사람은 꿈도 안 꾸는데 김칫국부터 마신다 75

똥 묻은 개가 겨 묻은 개 나무란다 37

똥이 무서워 피하나 더러워 피하지 13

뚝배기보다 장맛이 좋다 14

뛰는 놈 위에 나는 놈 있다 14

뛰어야 벼룩 141

마른하늘에 날벼락 153

마파람에 게 눈 감추듯 154

말 안 하면 귀신도 모른다 111

말 타면 경마 잡히고 싶다 75

말 한마디에 천 냥 빚도 갚는다 112

말로 온 동네 다 겪는다 120

말로는 못 할 말이 없다 112

말은 청산유수다 113

말이 고마우면 비지 사러 갔다가 두부 사 온다 114

말이 마음이고 마음이 말이다 120

말이 말을 만든다 114

말이 씨가 된다 115

메뚜기도 유월이 한철이다 76

모난 돌이 정 맞는다 90

모르면 약이요 아는 게 병 15

목구멍이 포도청 28

목마른 사람이 우물 판다 15

못된 송아지 엉덩이에 뿔 난다 48

무소식이 희소식이다 28

무쇠도 갈면 바늘 된다 54

물고기는 물을 떠나 살 수 없다 142

물이 깊어야 고기가 모인다 16

물이 깊을수록 소리가 없다 16

미꾸라지 한 마리가 온 웅덩이를 흐려 놓는다 142

미운 아이 떡 하나 더 준다 91

믿는 도끼에 발등 찍힌다 91

밑 빠진 독에 물 붓기 54

밑져야 본전 129

바늘 가는 데 실 간다 92

바늘 도둑이 소도둑 된다 76

바다는 메워도 사람의 욕심은 못 채운다 77

바람 앞의 등불 154

발 없는 말이 천 리 간다 116

방귀 뀐 놈이 성낸다 78

방귀가 잦으면 똥 싸기 쉽다 154

배보다 배꼽이 더 크다 78

백 번 듣는 것이 한 번 보는 것만 못하다 55

백지장도 맞들면 낫다 17

뱁새가 황새를 따라가면 다리가 찢어진다 79

버린 밥으로 잉어를 낚는다 130

번갯불에 콩 볶아 먹겠다 48

범도 죽을 때 제 굴에 가서 죽는다 143

범을 보니 무섭고 범 가죽을 보니 탐난다 84

벼 이삭은 익을수록 고개를 숙인다 17

벼룩도 낯짝이 있다 144

벼룩의 간을 내먹는다 79

보기 좋은 떡이 먹기도 좋다 154

부뚜막의 소금도 집어넣어야 짜다 155

부모가 온효자 되어야 자식이 반 효자 92

부잣집 떡개는 작다 132

불난 집에 부채질한다 93

비 온 뒤에 땅이 굳어진다 18

빈 수레가 요란하다 38

빈대 잡으려고 초가삼간 태운다 39

빛 좋은 개살구 40

뿌린대로 거둔다 66

사공이 많으면 배가 산으로 간다 155

사람 나고 돈 났지 돈 나고 사람 났나 130

사람 위에 사람 없고 사람 밑에 사람 없다 94

사람의 혀는 뼈가 없어도 사람의 뼈를 부순다 117

사촌이 땅을 사면 배가 아프다 94

사흘 책을 안 읽으면 머리에 곰팡이가 슨다 56

새끼 많이 둔 소 길마 벗을 날 없다 95

새벽달 보자고 초저녁부터 기다린다 40

서당 개 삼 년에 풍월을 읊는다 57

서울 가서 김 서방 찾기 155

설마가 사람 잡는다 41

세 살 적 버릇이 여든까지 간다 58

세 치 혀가 사람 잡는다 117

세월이 약 18

소 잃고 외양간 고친다 42

소도 언덕이 있어야 비빈다 148

소문난 잔치에 먹을 것 없다 155

손톱 곪는 줄은 알아도 염통 곪는 줄은 모른다 43

163

송충이는 솔잎을 먹어야 한다 80

쇠귀에 경 읽기 59

쇠뿔도 단김에 빼라 19

수박 겉 핥기 59

수염이 대 자라도 먹어야 양반이다 19

시작이 반이다 20

신선놀음에 도낏자루 썩는 줄 모른다 81

십 년이면 강산도 변한다 28

싼 것이 비지떡 132

쌀은 쏟고 주워도 말은 하고 못 줍는다 120

쌈짓돈이 주머닛돈 130

아는 길도 물어 가랬다 28

아니 땐 굴뚝에 연기 날까 156

아이 보는 데서는 찬물도 못 마신다 96

아이 싸움이 어른 싸움 된다 96

아흔아홉 섬 가진 사람이 한 섬 가진 사람의 것을 마저 빼앗으려 한다 84

약방에 감초 156

얌전한 고양이 부뚜막에 먼저 올라간다 144

어물전 망신은 꼴뚜기가 시킨다 43

언 발에 오줌 누기 44

업은 아이 삼 년 찾는다 44

엎드려 절 받기 156

열 길 물속은 알아도 한 길 사람의 속은 모른다 97

열 번 찍어 아니 넘어가는 나무 없다 60

열 손가락 깨물어 안 아픈 손가락이 없다 98

오는 정이 있어야 가는 정이 있다 104

옥에도 티가 있다 21

욕심은 부엉이 같다 84

우물 안 개구리 61

우물에 가 숭늉 찾는다 45

우물을 파도 한 우물을 파라 61

울며 겨자 먹기 158

웃는 낯에 침 뱉으랴 98

원수는 외나무다리에서 만난다 22

원숭이도 나무에서 떨어진다 81

윗물이 맑아야 아랫물이 맑다 99

이 없으면 잇몸으로 살지 157

이웃이 사촌보다 낫다 100

익은 밥 먹고 선소리한다 120

입에 들어가는 밥술도 제가 떠 넣어야 한다 66

입에 쓴 약이 병에는 좋다 22

입은 거지는 얻어먹어도 벗은 거지는 못 얻어먹는다 157

입은 비뚤어져도 말은 바로 하랬다 118

자라 보고 놀란 가슴 솥뚜껑 보고 놀란다 148

자식 둔 골은 호랑이도 돌아본다 100

작은 고추가 더 맵다 23

재주는 곰이 넘고 돈은 주인이 받는다 131

저 먹자니 싫고 남 주자니 아깝다 82

제 꾀에 제가 넘어간다 46

종로에서 뺨 맞고 한강에서 눈 흘긴다 46

주머니 털어 먼지 안 나오는 사람 없다 24

쥐구멍에도 볕 들 날 있다 66

지렁이도 밟으면 꿈틀한다 144

지성이면 감천 62

집에서 새는 바가지는 들에 가도 샌다 82

짚신도 제 짝이 있다 104

찬물도 위아래가 있다 101

참새가 방앗간을 그저 지나랴 83

천 리 길도 한 걸음부터 62

천석꾼에 천 가지 걱정 만석꾼에 만 가지 걱정 132

첫술에 배부르랴 63

친구 따라 강남 간다 101

친구는 옛 친구가 좋고 옷은 새 옷이 좋다 104

콩으로 메주를 쑨다 하여도 곧이듣지 않는다 47

토끼가 제 방귀에 놀란다 145

티끌 모아 태산 64

팔십 노인도 세 살 먹은 아이한테 배울 것이 있다 64

팔은 안으로 굽는다 104

피는 물보다 진하다 102

핑계 없는 무덤이 없다 84

하나를 알면 백을 안다 25

하나만 알고 둘은 모른다 28

하늘은 스스로 돕는 자를 돕는다 66

하늘을 보아야 별을 따지 66

하늘의 별 따기 158

하늘이 무너져도 솟아날 구멍이 있다 26

하룻강아지 범 무서운 줄 모른다 145

한 귀로 듣고 한 귀로 흘린다 47

한 푼 돈을 우습게 여기면 한 푼 돈에 울게 된다 131

한강에 돌 던지기 47

혀 아래 도끼 들었다 118

형만 한 아우 없다 102

호랑이 없는 골에 토끼가 왕 노릇 한다 146

호랑이는 죽어서 가죽을 남기고 사람은 죽어서 이름을 남긴다 148

호랑이도 제 말 하면 온다 119

165

호랑이도 제 새끼 귀여워할 줄 안다 148

호박이 넝쿨째로 굴러떨어졌다 157

황소 뒷걸음치다가 쥐 잡는다 147

효성이 지극하면 돌 위에 풀이 난다 103

흐르는 물은 썩지 않는다 65

흥정은 붙이고 싸움은 말리랬다 27

읽자마자 왕 시리즈 1
읽자마자 속담왕

초판 발행 2020년 7월 29일
개정판 1쇄 발행 2025년 7월 17일

글쓴이 김혜영
그린이 김윤정
발행인 이종원
발행처 (주)길벗스쿨
출판사 등록일 2025년 5월 28일
주소 서울시 마포구 월드컵로 10길 56(서교동)
대표전화 (02)332-0931 | **팩스** (02)323-0586
홈페이지 school.gilbut.co.kr | **이메일** gilbut@gilbut.co.kr

기획 박수선 | **책임편집** 최문영
제작 이준호, 손일순, 이진혁 | **마케팅** 양정길, 지하영, 김령희 | **영업유통** 진창섭
영업관리 정경화 | **독자지원** 윤정아
디자인 위드 | **CTP 출력 및 인쇄** 상지사피앤비 | **제본** 상지사피앤비

ⓒ 김윤정 2020

* 잘못 만든 책은 구입한 서점에서 바꿔 드립니다.
* 이 책은 저작권법에 따라 보호받는 저작물이므로 무단전재와 무단복제를 금합니다.
이 책의 전부 또는 일부를 이용하려면 반드시 사전에 저작권자와 (주)길벗스쿨의 서면 동의를 받아야 합니다.

ISBN 979-11-993023-3-4 (73710)
(길벗스쿨 도서번호 200476)

제품 명 : 읽자마자 속담 왕	주 소 : 서울시 마포구 월드컵로 10길 56 (서교동)
제조사명 : (주)길벗스쿨	전화번호 : 02-332-0931
제조국명 : 대한민국	제조년월 : 판권에 별도 표기
사용연령 : **5세 이상**	KC마크는 이 제품이 공통안전기준에 적합하였음을 의미합니다.

독자의 1초를 아껴주는 정성 길벗출판사
길벗 IT실용서, IT/일반 수험서, IT전문서, 경제실용서, 취미실용서, 건강실용서, 자녀교육서
더퀘스트 인문교양서, 비즈니스서
길벗이지톡 어학단행본, 어학수험서
길벗스쿨 국어학습서, 수학학습서, 유아학습서, 어학학습서, 어린이교양서, 교과서